**Bibliographic information published by the German National Library:**

The German National Library lists this publication in the National Bibliography; detailed bibliographic data are available on the Internet at http://dnb.dnb.de .

**Imprint:**

Copyright © 2014 GRIN Verlag, Open Publishing GmbH
Print and binding: Books on Demand GmbH, Norderstedt Germany
ISBN: 9783668266674

**This book at GRIN:**

http://www.grin.com/es/e-book/323960/por-que-colombia-se-encuentra-por-debajo-del-promedio-de-registro-de-patentes

**Christian Daniel Usma Cordoba, Sara Restrepo Hernández, Juan Pablo Montoya Builes**

# ¿Por qué Colombia se encuentra por debajo del promedio de registro de patentes tecnológicas de Brasil?

GRIN Publishing

**GRIN - Your knowledge has value**

Since its foundation in 1998, GRIN has specialized in publishing academic texts by students, college teachers and other academics as e-book and printed book. The website www.grin.com is an ideal platform for presenting term papers, final papers, scientific essays, dissertations and specialist books.

# ¿POR QUÉ COLOMBIA SE ENCUENTRA POR DEBAJO DEL PROMEDIO DE REGSITRO DE PATENTES TECNOLÓGICAS DE BRASIL?

Por

## SARA RESTREPO HERNÁNDEZ
## CHRISTIAN DANIEL USMA CÓRDOBA
## JUAN PABLO MONTOYA BUILES

**RESUMEN**

Esta investigación tiene como objetivo describir las características acerca de los niveles de registro de patentes entre Colombia y Brasil en la última década con un enfoque tecnológico, además de especificar los procesos a seguir en cada país para realizar dicho registro. La indagación fue llevada a cabo mediante un proceso de análisis documental complementada con una investigación exploratoria. A pesar de que los procesos de registro de patentes en ambos países sean los mismo, se resaltan las diferencias entre Colombia y Brasil en cuanto a la falta de incentivos económicos otorgados por parte del Gobierno al sector público, privado y sobre todo a la academia, esto puede verse reflejado, por ejemplo en Brasil que por cada 1 Millón de habitantes se registran 10 patentes y en Colombia por este mismo número se registran tan solo 3,4.

A pesar que el registro de patentes y publicaciones ha venido en aumento en los últimos años, aún no es suficiente para estar en un nivel óptimo y competitivo dada la falta de cultura investigativa, un problema que afecta tanto a Colombia como a Brasil puesto que por cada Millón de habitantes de edades entre 15 y 24 años, hay 7 y 5 ingenieros respectivamente, cifra alarmante que se debe a que las universidades latinoamericanas enfocan sus programas a ofrecer las humanidades, derecho, sociales, economía, política, etc. Lo que no permite que la formación a ingenieros y científicos sean atractivas.

Finalmente, se puede concluir además, que aunque las patentes concedidas en Brasil sean mayores que en Colombia, esto no va ligado al nivel de productividad y registro de nuevos productos, puesto que en Colombia es mucho mayor que en la mayoría de los países de la Región, incluido Brasil.

**ABSTRACT**

This research aims to describe the characteristics of the levels of patenting between Colombia and Brazil in the last decade with a technological approach, and specify the procedures to be followed in each country to make that record. This investigation was conducted through a process of documentary analysis supplemented with exploratory research. Although the process of patenting in both countries are the same, the differences between Colombia and Brazil in terms of the lack of economic incentives provided by the government to the public, private sectors and academy, this may be reflected, for example in Brazil that for every 1 million inhabitants 10 patents are recorded in contrast, in Colombia by the same number are recorded only 3.4.

Although the registration of patents and publications has been increasing in recent years, it is still not enough to be in an optimal and competitive given the lack of research culture, a problem that affects both Colombia and Brazil since by each Million inhabitants aged 15 and 24, there are 7 and 5 engineers respectively alarming figure because Latin American universities focus their programs to offer the humanities, law, social, economic, political, etc, What training does not allow engineers and scientists are attractive.

Finally, one can also conclude that although the patents issued in Brazil are greater than in Colombia, this is not linked to the level of productivity and registration of new products, because in Colombia is much higher than in most countries in the region, including Brazil.

**PALABRAS CLAVE**
Patente, Patent

Propiedad intelectual, Intellectual property

Innovación tecnológica, Technological innovation

## 1. INTRODUCCIÓN
La innovación tecnológica hoy en día es un factor primordial para el desarrollo y el progreso de un país.

Día a día se buscan alternativas que puedan generar un crecimiento sostenible y una evolución que logre llevar a los países a un nivel óptimo y competitivo, no solo con productos o servicios sino también mediante el conocimiento o propiedad intelectual como innovaciones o cambios en los mismos procesos.

Sin embargo, en diversas ocasiones estos recursos tecnológicos y de conocimiento no son aprovechados de la mejor manera puesto que hace falta una gran cantidad de incentivos monetarios, además de capacitaciones a cerca de procesos que ayudan a proteger las diferentes creaciones obtenidas por algunos investigadores.

Unos de los medios por los que se logra obtener el reconocimiento y el progreso del que se habla en un inicio son las patentes, definidas como un privilegio o gran beneficio que se le otorga a un inventor y/o investigador como declaración de inversión y esfuerzos realizados por el mismo para lograr una solución técnica que le aporte beneficios a la humanidad, además de esto los inventores tendrán un derecho que va a consistir en recibir ganancias financieras o monetarias por un período de tiempo determinado.

Además de esto y como es bien sabido, todos estos procesos mencionados tienen diversas formas de realizarse teniendo en cuenta los países o regiones en las que se encuentre cada inventor o investigador, así que en el trabajo a continuación se analizarán y clasificarán dichos procedimientos, los requerimientos necesarios para emprender los procesos y se generarán comparativos para validar los niveles en los que se encuentra Colombia en estos momentos en contraste con Brasil, una de las potencias mundiales en esta época.

Finalmente, todas las regiones del mundo, buscan alcanzar una economía sostenible basada en el conocimiento, con la implementación de alta y media tecnología en sus procesos productivos y lograr de esta manera competir en el mercado internacional, pero también se busca la protección de esas invenciones mediante el registro de patentes y otros métodos que lastimosamente en estos momentos aún no han sido totalmente explotados y mucho menos patrocinados, razón por la cual se podrá observar cómo Colombia se encuentra en un nivel un poco más bajo que Brasil, además de definir los incentivos que deben ser implementados para lograr dicho nivel.

## PREGUNTA DE INVESTIGACIÓN

¿Cuáles factores hacen que Colombia este por debajo del promedio de Brasil en registro de patentes tecnológicas en la última década?

## OBJETIVO GENERAL

Identificar los factores por los que Colombia, no ha logrado superar el promedio registrado de patentes tecnológicas de Brasil.

**OBJETIVOS ESPECIFICOS**

- Clasificar el proceso de registro de patentes tecnológicas en Brasil y Colombia.
- Comparar los incentivos Gubernamentales y no Gubernamentales que se otorgan en Brasil y Colombia para promover el desarrollo de patentes tecnológicas.

## 2. MARCO REFERENCIAL
### 2.1 ANTECEDENTES

En la última década, en Latino América se ha visto la necesidad de invertir en procesos de I+D, debido a que la apertura del mercado mundial está cada vez más globalizada y tanto la innovación como las patentes tecnológicas son una herramienta de medición para la fase del desarrollo de los países; sin embargo, según el informe (Factor Innovación y Desarrollo: Patentes de Invención en Colombia, 2013)

> "World Intellectual Property muestran que Colombia debería acercarse más al número de patentes que presentan países como Chile, Brasil y México en la batalla por el Conocimiento, pues la competencia con naciones como China y Estados Unidos parece complicada de librar, debido a que ellos registran en conjunto por año más de 700 mil mientras en América Latina se aprueban menos de 1000".

Teniendo en cuenta lo mencionado anteriormente, se puede afirmar que de los países Latino Americanos, Brasil es el país que se debe tomar como referente en esta carrera de I+D, puesto que el promedio de registros de estas patentes es de 4.170 anual en el periodo comprendido, entre el año 2002 y 2012 según datos de (El Banco Mundial, 2014); mientras que Colombia presenta un promedio total de 124 patentes anuales para este mismo periodo. Es esta diferencia la que da un indicio de que Colombia está muy rezagada, en lo que respecta al estímulo de investigación en I+D y por consiguiente a la generación de patentes.

Tal como puede observarse en la siguiente gráfica:

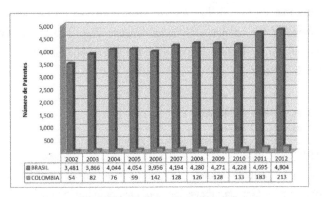

|  | 2002 | 2003 | 2004 | 2005 | 2006 | 2007 | 2008 | 2009 | 2010 | 2011 | 2012 |
|---|---|---|---|---|---|---|---|---|---|---|---|
| BRASIL | 3,481 | 3,866 | 4,044 | 4,054 | 3,956 | 4,194 | 4,280 | 4,271 | 4,228 | 4,695 | 4,804 |
| COLOMBIA | 54 | 82 | 76 | 99 | 142 | 128 | 126 | 128 | 133 | 183 | 213 |

Fuente: Propia. Datos: Banco Mundial.

Ahora bien, en la búsqueda de la competitividad no se han logrado cumplir las metas debido a que por ejemplo, en I+D apenas se invierte un 0.47 por ciento del PIB en Colombia, mientras que en países como Estados Unidos y Brasil se invierte el 2.71% y 1.62% respectivamente, así mismo en los últimos siete años se le han otorgado a Colombia escasamente 80 patentes, en comparación con Corea del Sur que en ese mismo periodo se han otorgado más de 70.000, lo que genera una preocupación ya que la brecha que se evidencia con estos indicadores, permiten analizar que Colombia no es lo suficientemente competitivo hasta el momento para firmar un TLC con países de este nivel, puesto que no tiene el desarrollo necesario para compararse en precio, calidad, cantidades y por ende obtener mayores beneficios.

"El Foro Económico Mundial publicó el informe Global de Competitividad 2012-2013. En él, 144 países ocupan un lugar en el ranking de competitividad mundial. Dicho ranking es construido a partir de grupos de indicadores relacionados con aspectos como la calidad de las instituciones, la infraestructura, la educación, los recursos humanos y las tecnologías de la información, entre otros. Colombia se ubica en la posición 69. (...) después de Chile, México, Brasil, El Salvador y Costa Rica." (Diario La República, 2014)

## COLOMBIA FRENTE A 12 PAÍSES Y 6 ESTADOS
## US PATENT AND TRADEMARK OFFICE

| PAIS | NUMERO DE PATENTES DESDE 1977 A 2012 | PAIS | NUMERO DE PATENTES DESDE 1977 A 2012 |
|---|---|---|---|
| JAPON | 904.801 | PENNSYLVANIA | 110.697 |
| CANADA | 191.448 | OHIO | 110.526 |
| CALIFORNIA | 511.933 | TAIWAN | 125.749 |
| COREA | 112.247 | NEW YORK | 193.805 |
| ALEMANIA | 313.675 | FINLANDIA | 18.799 |
| ESPAÑA | 8.489 | BRASIL | 3.087 |
| ILLINOIS | 125.274 | MEXICO | 2.377 |
| UNITED KINGDOM | 119.359 | ARGENTINA | 1.279 |
| TEXAS | 162.557 | VENEZUELA | 725 |
|  |  | COLOMBIA | 264 |

Fuente: Patent By Country/State and Year all Patents, All Types December 2012 - Granted: 01/01/1977 - 12/31/2012 A patent Technology Monitoring Team Report

Fuente: Patent By Country/state and year all patents. All Types December 2012- Granted: 01/01/1977 – 12/31/2012 A patent Technology Monitoring Team Report.

## 2.2 MARCO TEÓRICO

Según la Superintendencia de Industria y Comercio de Colombia una patente es "un privilegio que le otorga el Estado al inventor como reconocimiento de la inversión y esfuerzos realizados por éste para lograr una solución técnica que le aporte beneficios a la humanidad. Dicho privilegio consiste en el derecho a explotar exclusivamente el invento por un tiempo determinado." (Superintendecia de Industria y Comercio, 2014); muy similar a lo que nos presenta la OMPI, Organización Mundial de la Propiedad Intelectual: "Es un derecho exclusivo concedido a una invención, es decir, un producto o procedimiento que aporta, en general, una nueva manera de hacer algo o una nueva solución técnica a un problema." (Organizacion Mundial de la Propiedad Intelectual, 2014); En la Universidad Pontificia Javeriana nos ofrecen una definición que aunque diferente no se sale de lo que nos proponen la O.M.P.I y la Superintendencia de Industria y Comercio de Colombia:" Una Patente es un contrato entre la Sociedad y el Inventor individual. Según los términos de ese contrato, se le otorga al Inventor el derecho exclusivo de impedir que otros fabriquen, utilicen o vendan el invento patentado durante un periodo de tiempo fijo, a cambio de que éste presente al público los detalles del invento." (María Teresa Amorocho, 2014). Y por último la real academia de la lengua española le da una definición a la patente de invención la cual se pondrá en este documento para ampliar más el significado de esta palabra "Documento en que oficialmente se le reconoce a alguien una invención y los derechos que de ella se derivan." (Real Academía de la Lengua Española, 2014).

Según el estudio sobre "El Emprendimiento en América Latina" del Banco Mundial, entre los años 2006 y 2010, el número de patentes registradas en los países de Latinoamérica ha aumentado, este estudio deja un panorama negativo para Colombia y Brasil respecto a la Propiedad Intelectual y el número de ingenieros que según el informe son entre 7 (Colombia) y 5 (Brasil) ingenieros por cada millón de habitantes entre los 15 y 24 años. Sin embargo, Colombia se encuentra entre los países que han logrado introducir en el mercado el mayor número de productos nuevos durante este mismo periodo, muy por encima de Brasil pero por la falta de contenido innovador no hace posible que sea competitivo en la Región con un porcentaje de sobrevivencia de nuevas empresas de -0,02%. (Diario La República, 2014)

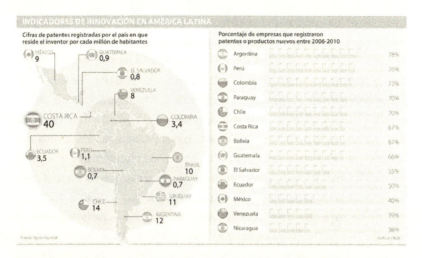

Fuente: Diario La República, Octubre 18 de 2014, http://www.larepublica.co/con-3-patentes-por-mill%C3%B3n-de-personas-colombia-se-%E2%80%98raja%E2%80%99-en-innovaci%C3%B3n_181011

**Tipos de Patentes Tecnológicas.**

Cuando queremos saber que clases de patentes hay en Colombia, la Universidad Pontificia Javeriana nos habla de tres que son: "Patentes originales son aquellas independientes de cualquier patente extranjera, Patente extranjera es la solicitada por primera vez en un País distinto de los del Acuerdo de Cartagena y Patentes de prioridad del Acuerdo de Cartagena, son las que se conceden con la prioridad de una solicitud anterior en país miembro del Acuerdo de Cartagena, o en otro que conceda reciprocidad." (Universidad Pontificia Javeriana, 2014), En la Organización Mundial De La Propiedad Intelectual se da un dato global de lo que se patenta:" Una invención debe, por lo general, satisfacer las siguientes condiciones para ser protegida por una patente: debe tener uso práctico; debe presentar asimismo un elemento de novedad; es decir, alguna característica nueva que no se conozca en el cuerpo de conocimiento existente en su ámbito técnico. Este cuerpo de conocimiento existente se llama "estado de la técnica". La invención debe presentar un paso inventivo que no podría ser deducido por una persona con un conocimiento medio del ámbito técnico. Finalmente, su materia debe ser aceptada como "patentable" de conformidad a derecho. En numerosos países, las teorías científicas, los métodos matemáticos, las obtenciones vegetales o animales, los descubrimientos de sustancias naturales, los métodos comerciales o métodos para el tratamiento médico (en oposición a productos médicos) por lo general, no son patentables." (Organizacion Mundial de la Propiedad Intelectual, 2014), cuando miramos las condiciones que debe tener un invento para ser protegido con una patente la Superintendencia de Industria y Comercio, nos plantea tres condiciones;" El invento debe ser un producto o un procedimiento que reúna tres condiciones: Primero, Debe ser novedoso, es decir, que no exista a nivel mundial. Segundo Debe poseer un nivel inventivo, lo que equivale a decir, que no sea un desarrollo obvio para alguien experto en la materia que trata el invento. Tercero Que lo inventado pueda ser utilizado o fabricado en cualquier industria, es decir, que debe tener una aplicación industrial." (Superintendencia de Industria y Comercio, 2014)", Una gran preocupación es saber si en verdad el producto es novedoso y la Superintendencia de Industria y Comercio, deja muy claro que tiene esta característica "Para que sea novedoso se requiere que la invención no exista en ningún lugar del mundo." (Superintendecia de Industria y Comercio, 2014) y también es posible identificar si mi invención es novedosa antes de presentar la solicitud de registro según la página web oficial de la S.I.C. "La SIC a través del Banco de Patentes ofrece el Servicio de Búsqueda Tecnológica, mediante el cual el interesado puede obtener información útil que dé indicios de si su invención es nueva. La SIC realiza la búsqueda basándose en la información que detalla el interesado en la solicitud de búsqueda, así como en la información contenida en las solicitudes de patente publicadas tanto en Colombia como en el extranjero, entregando al interesado los documentos que considera se relacionan más con lo solicitado; sin embargo, es el interesado quien deberá revisar estos documentos y evaluar la posibilidad de presentar la solicitud de patente ante la SIC." (Superintendecia de Industria y Comercio, 2014),Las patentes de dividen en tres secciones como lo indica la OMPI en su página "Sección A — Necesidades Corrientes De La Vida ,Sección B — Técnicas Industriales Diversas; Transportes, Sección C — Química; Metalurgia, Sección D — Textiles; Papel, Sección E — Construcciones Fijas, Sección F — Mecánica; Iluminación; Calefacción;

Armamento; Voladura, Sección G — Física, Sección H — Electricidad. (Clasificación Internacional de Patentes, 2014)


**Niveles de Inversión gubernamental y no gubernamental en I+D para Colombia y Brasil.**

Teniendo en cuenta la inversión que se ha venido dando en Colombia en los últimos años en I+D, se ha logrado observar que los avances, sobretodo en investigación universitaria, tienen un atraso entre 20 y 30 años y que además es de los que menos recursos destina en Ciencia y Tecnología comparativamente con países como Brasil, México, Argentina y Chile. Adicional a esto para el experto Chileno (Brunner, 2014), "existen aproximadamente 4 mil universidades en Iberoamérica con calidades diversas, de las cuales sólo 200 son instituciones donde la investigación científica y tecnológica se han desarrollado de manera considerable. En el caso de Colombia, se destacan la Universidad Nacional, la Universidad de los Andes, la Universidad de Antioquia y la Universidad del Valle". Esta situación sucede debido a que Colombia no ha tenido un plan consistente durante los últimos años para formar tanto investigadores como centro de excelencia en la Universidades contrario a lo que se ha logrado en países como Brasil y México.

"La mayoría de los países de la región aspira a gastar al menos un punto del Producto Interno Bruto (PIB) en ciencia y tecnología, pero están invirtiendo apenas el 0,50% o 0,40%, mientras que las naciones desarrolladas gastan entre 2% y 3,5% del PIB. Brunner asegura que esta brecha en formación de talento, publicaciones equipamientos e intercambios internacionales se está haciendo cada vez más grande." (Universia Colombia, 2014).

Colombia invierte menos de la mitad de lo que destinan los demás países en Latinoamérica a I+D, debido a que se han dedicado la mayoría de los recursos para ampliar cobertura pero no se utilizaron estrategias en pro del desarrollo de la educación superior y la investigación.

En el Foro "Visión de la Propiedad Industrial en Colombia" en el año 2012 se profundizó en las razones que obstruyen en Colombia el flujo de conocimiento, tomando como referente el menos del 0,4% del PIB que se invierte en Ciencia y Tecnología, "La Directora de Connect Bogotá Región, Diana Gaviria aseguró que una explicación a esta situación es que ni las universidades ni las empresas encuentran incentivos para patentar ni para trabajar de manera conjunta.

Para la experta los incentivos están en las publicaciones y no en las patentes en el caso de la academia, mientras sólo el 0,9% de las empresas de la capital han sacado una patente de uso nacional evidenciando el desconocimiento de los beneficios del sistema desde el mundo empresarial." (Revista Semana, 2014)

## Proceso patentario en Colombia y Brasil.

Los derechos que son otorgados a los inventores de cada país por cierta inversión son llamados patentes y el proceso que debe llevarse a cabo para alcanzar alguna de ellas se muestra a continuación, específicamente para los países de Colombia y Brasil:

Estos son los pasos que se necesitan para solicitar una patente en Colombia y que son otorgados por la Superintendencia de Industria y Comercio.

### a. La solicitud.

En la Superintendencia de Industria y Comercio (SIC) se adquieren los documentos para:

- Patentes de Invención.
- Modelos de Utilidad.
- Diseños Industriales.

Para las patentes de invención es importante saber que sólo es conferido el derecho por 20 años, a partir del momento de la solicitud. Cuando este periodo termina, el invento comienza a ser parte como patrimonio de la humanidad.

### b. La publicación.

Al terminar los primero trámites es importante publicar esta solicitud en la Gaceta de la Propiedad Industrial. Durante 30 días hábiles se encuentra la publicada la información para ver si se requiere iniciar una demanda de oposición u observaciones.

## c. Verificación de Novedad Internacional.

La Superintendencia hace una búsqueda en todo el mundo, si la patente que está en trámite cumple con alguna de estas características: novedad internacional, un inventivo aceptable o una aplicación industrial.

Esta búsqueda puede durar hasta 2 años, es una revisión detallada a gacetas, medios magnéticos y discos ópticos que va en aumento cada día.

## d. Concepto de Fondo

Si no emiten oposiciones u observaciones, la Superintendencia a través de la Oficina Nacional de Patentes, emite el Concepto de Fondos, en el que acepta o niega la patente, si es negada se puede hacer reposición.

Esta información es facilitada en la página de la (Superintendencia de Industria y Comercio, 2014).

Esta es la Normatividad que regula estos trámites (Cámara de Comercio de Villavicencio, 2014):

- "Decreto 2153 de 1992, por el cual se reestructura la Superintendencia de Industria y Comercio y se dictan otras disposiciones
- Decreto 2591 de 2000.
- Normas Internacionales 486 de la Comisión del Acuerdo de Cartagena
- Circular Única 10 Título X - Propiedad Industrial".

Para el registro de patentes en Brasil, la autoridad encargada de velar y registrar estas, es el Instituto Nacional da Propiedade Industrial (INPI). Estos son los pasos a seguir para el registro de las Patentes (PROTECTIA : Patentes y Marcas., 2014):

- Presentación de la solicitud.
- Examen de forma. Tras la solicitud, el Instituto realiza un examen de forma de la documentación para comprobar que la solicitud es clara y correctamente presentada.
- Emisión de un informe, en un plazo de 9 meses: opinión oficial de un funcionario que valora los tres requisitos de patentabilidad y que deja espacio al solicitante o bien de recurrirlo, o bien replantearse todo y

presentar otra patente, considerando que hay secreto hasta el momento de la publicación.

- Publicación, en un plazo de 18 meses a partir de la fecha de solicitud. Examen de fondo. Una vez vencido el plazo para la presentación de oposiciones, el Instituto Nacional da Propiedade Industrial (INPI) realiza el examen de los requisitos de patentabilidad.

- Concesión y obtención del título de patente; superado el examen de fondo se dispone de un plazo de 2 meses para la publicación de concesión y el pago de la tasa para la expedición del título. Una vez concedida la patente, todavía podrá ser recurrida la concesión administrativamente dentro de un plazo de 180 días.

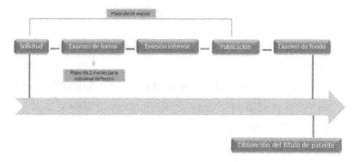

Fuente: Protectia: Patentes y Marcas. Registro de Patente en Brasil - Patentar y proteger productos o inventos. http://www.protectia.eu/registro-patentes-brasil. 31/Mayo/2014.

El promedio de tramitación de una patente en Brasil varía entre 7 y 12 años dependiendo del tipo y caso, al igual que Colombia tiene un plazo de validez de 20 años desde el momento de la solicitud y a partir del tercer año después de esta presentación de registro, se deben efectuar pagos anuales para el mantenimiento de los derechos, de lo contrario se archivara el proceso o la extinción de este.

**Incentivos a patentes.**

Comparar los incentivos Gubernamentales y no Gubernamentales que se otorgan en Brasil y Colombia para promover el desarrollo de patentes tecnológicas.

Los incentivos que son otorgados en ambos países varían teniendo en cuenta los intereses que tenga el Estado o cualquier otra entidad independientemente de la actividad económica que realice quien se encuentre un proceso de investigación para patente.

Esta situación se puede evidenciar en Colombia cuando en el año 2011 se decide aumentar la inversión e incentivos para todo el proceso de I+D y registro de patentes, gracias a esto hubo un incremento en el registro de marcas y patentes en los sectores de alimentos, textil, farmacéutico y de telecomunicaciones (tecnología). El incentivo consistía en una reducción del 75% de la tasa vigente para solicitudes de patentes de invención y exámenes de patentabilidad aplicada por Superintendencia de Industria y Comercio (SIC). Este 75 por ciento está compuesto de la siguiente manera:

> "Así las cosas, para solicitudes de registro de diseños industriales que conforman una misma familia habrá descuentos del 10 al 40 por ciento, de acuerdo al número de solicitudes presentadas simultáneamente.
>
> Adicionalmente, se aplicará una reducción del 25 por ciento a las solicitudes de registro de marcas de productos o servicios, marcas colectivas y marcas de certificación, lemas comerciales y solicitudes de registro de marcas en línea, que sean presentadas por microempresas." (Portafolio, 2011)

En contraste con Colombia, Brasil ofrece mayores incentivos en esta área ya que a parte de un 20% por ser investigaciones tecnológicas, aporta un 80% adicional dependiendo del número de empleados que hayan sido contratados por la empresa beneficiaria directamente en el desarrollo de la investigación y la patente concedida. Además las personas tanto jurídicas como naturales tienen el beneficio de una reducción al 0% del gravamen para el envío de remesas y las empresas podrán acceder a una subvención de hasta el 50% de los salarios pagados a los empleados vinculados a la investigación de innovación tecnológica titulados con Master o Doctorados. (Uría Menéndez Abogados, 2014)

## 2.3 MARCO CONCEPTUAL

Debido a los avances que se vienen dando en la última década y a tan alta velocidad, se ha incursionado en un nuevo proceso o estilo de vida del mundo entero, éste ha sido llamado según el autor Greider, la globalización y lo define más exactamente como "proceso en aumento de tendencias de capital global asociadas con un mercado mundial en expansión y un crecimiento exponencial en las transacciones económicas globales. (Wallace Brown, 2008)" La Globalización como tal, puede ser evaluada o entendida también como una transformación y desarrollo donde la condición de vida de una sociedad en la cual las necesidades auténticas de los grupos y/o individuos se satisfacen mediante la utilización racional, es decir sostenida, de los recursos y los sistemas naturales. "Este concepto integra elementos económicos, tecnológicos, de conservación y utilización ecológica, así como lo social y político. La esfera de poder, dentro del contexto social se hace necesaria como forma organizativa y de cohesión legítima, legal y funcional dentro de grupos sociales y como instancia de toma de decisiones entre individuos". (Reyes, Zona Económica, 2011)

Este movimiento internacional ha traído consigo diversos acuerdos y alianzas entre los países para lograr precisamente un beneficio entre todos, consiste en un conjunto de reglas que los países acuerdan para vender y comprar productos y servicios. Se llama "zona de libre comercio ", porque las reglas que se disponen definen cómo y cuándo se eliminarán las barreras arancelarias para conseguir el libre paso de los productos y servicios entre las naciones participantes; esto es, cómo y cuándo se eliminarán los permisos, las cuotas y las licencias, y particularmente las tarifas y los aranceles, siendo éste uno de los principales objetivos del Tratado (COLOMBIA.COM, 2014). Además de velar por la protección de precios, también se busca proteger las innovaciones que surgen al igual que la propiedad intelectual de quienes las crean mediante procesos de patentes, de innovaciones tecnológicas entre otras.

**Innovación tecnológica**

Es un proceso multi- etapa, con variaciones significativas en las actividades iniciales, así como en los aspectos y problemas de gestión en sus etapas. Ella se realiza mediante esfuerzos técnicos, llevados a cabo esencialmente en el contexto de una organización, pero involucra intensas interacciones con el entorno tecnológico y el mercado. (Estrategias Gerenciales para el Emprendimiento, 2014)

**Patente**

Una patente es un derecho exclusivo que se concede sobre una invención. En términos generales, una patente faculta a su titular a decidir si la invención puede ser utilizada por terceros y, en ese caso, de qué forma. Como contrapartida de ese derecho, en el documento de patente publicado, el titular de la patente pone a disposición del público la información técnica relativa a la invención. (Organización Mundial de la Propiedad Intelectual, 2014)

La Patente es un privilegio que le otorga el Estado al inventor como reconocimiento de la inversión y esfuerzos realizados por éste para lograr una solución técnica que le aporte beneficios a la humanidad. Dicho privilegio consiste en el derecho a explotar exclusivamente el invento por un tiempo determinado. (Superintendencia de Industria y Comercio, 2014)

La patente es un título de propiedad industrial otorgado por el gobierno de un país que da a su titular el derecho a impedir temporalmente a otros, la fabricación, venta y/o utilización comercial de una invención, que se define como algo nuevo creado con el fin de solucionar un problema técnico existente. En términos generales, para que un invento pueda patentarse debe ser novedoso, tener nivel inventivo y aplicación industrial.

Gracias a la patente, el titular puede decidir quién puede o no utilizar la invención patentada durante el periodo en el que está protegida y conceder autorización o licencia a terceros para utilizar la invención con sujeción a las condiciones establecidas de común acuerdo. (Portafolio, 2011)

**Propiedad intelectual**

La propiedad intelectual (P.I.) se relaciona con las creaciones de la mente: invenciones, obras literarias y artísticas, así como símbolos, nombres e imágenes utilizados en el comercio. (WIPO, 2014).

La Propiedad Intelectual hace referencia a toda creación del intelecto humano. Las obras literarias, artísticas y científicas; las interpretaciones de los artistas intérpretes y las ejecuciones de los artistas ejecutantes, los fonogramas y las emisiones de radiodifusión; las invenciones en todos los campos de la actividad humana; los descubrimientos científicos; los dibujos y modelos industriales; las marcas de fábrica, de comercio y de servicio, así como los nombres y denominaciones de origen; y todos los demás derechos relativos a la actividad intelectual en los terrenos industrial, científico, literario y artístico. (SIC, 2014)

## 3. DISEÑO METODOLÓGICO

Este trabajo será llevado a cabo utilizando una metodología de análisis documental con información secundaria a través de artículos, libros, informes, datos y estadísticas de las entidades de control sobre tecnología, propiedad intelectual e I+D, mediante una investigación exploratoria.

## 4. HALLAZGOS Y DISCUSIÓN

Con la investigación de las fuentes primarias como secundarias y en el posterior análisis se halló que la mayoría de los incentivos en Colombia en el caso de la academia se encuentran dirigidos a las publicaciones y no en el registro de las patentes, mientras que en Brasil se ofrece un nivel mayor de incentivos en el sector privado por ejemplo, ya que brinda un 20% del total de costos de la inversión para investigaciones tecnológicas y un 80% adicional que va ligado a número de empleados contratados para el desarrollo de la investigación y la patente concedida.

Además el proceso para realizar cualquier tipo de patente tanto en Colombia como en Brasil es el mismo, por lo que esto no es un factor diferenciador o un obstáculo que pueda interferir con el número de patentes registradas en este caso por Colombia.

En Colombia existe poco interés por las disciplinas científicas, factor que afecta directamente a la investigación en el país y posterior registro de patentes, "porque los programas de las universidades han estado enfocados a ofrecer las humanidades, derecho, sociales, economía, política, entre otras, lo que ha hecho que se restrinja la capacidad de formación de ingenieros y científicos.

Y por otro lado, porque puede que a los jóvenes les atraigan las disciplinas relevantes para los problemas que apremian a la sociedad, y de allí que la sociología y economía sean dos de las más estudiadas." (Diario La República, 2014)

## 5. CONCLUSIONES

Para concluir con esta investigación, los principales factores por los que Colombia no ha logrado alcanzar el número de registro de patentes tecnológicas de Brasil son los siguientes:

La falta de incentivos económicos otorgados por parte del Gobierno al sector público, privado y sobre todo a la academia. Este problema no sólo se limita a Colombia, puesto que es una situación que se repite en la mayoría de los países latinoamericanos, en donde menos del 0,9% del PIB de cada uno de ellos es invertido en investigación y desarrollo, lo que ha impedido que se puedan obtener resultados de gran profundidad y relevancia.

En el sector educativo, las Universidades otorgan becas para Maestrías, Doctorados y Postdoctorados a docentes con el fin de incrementar el número de investigaciones y concesión de patentes de invención; según la Superintendencia de Industria y Comercio, algunas de las universidades colombianas que aplican este método son:

- Universidad del Valle: Patentes solicitadas 12, Patentes concedidas 9.
- Universidad Tecnológica de Pereira: Patentes solicitadas 12, Patentes concedidas 4.
- Universidad de Antioquia: Patentes solicitadas 18, Patentes concedidas 7.
- Universidad Nacional de Colombia: Patentes solicitadas 30, Patentes concedidas 9. (Universidad del Valle, 2014)

A pesar que estas cifras han venido en aumento en los últimos años, aún no es suficiente para estar en un nivel óptimo y competitivo dada la falta de cultura investigativa.

El Departamento Administrativo de Ciencia, Tecnología e Innovación-Colciencias, en algunas ocasiones ha incentivado a las empresas colombianas para contratar Doctores tanto extranjeros como nacionales (subvencionando los costos inherentes generados por un salario base de hasta 11 S.M.L.V.) en proyectos en un periodo de tiempo determinado que tengan que ver con I+D, sin embargo el incentivo llega hasta este punto del proceso, razón por la cual el número de patentes sigue siendo afectado; mientras que en Brasil la subvención corresponde al 50% de los salarios de todos los empleados que están vinculados al proyecto de investigación indiscriminadamente del título que posean.

Finalmente, cabe aclarar que Brasil es demográficamente más grande que Colombia y se esperaría que el número de patentes sea mucho mayor que este último, puesto que la cantidad de personas dedicadas a la investigación es más alta, sin embargo este análisis fue realizado proporcionalmente y aun así Colombia sigue estando por debajo del nivel esperado en esta área, para ser más específicos en Brasil por cada 1 Millón de habitantes se registran 10 patentes y en Colombia por este mismo número se registran solo 3,4. (Diario La República, 2014)

# 6. REFERENCIAS BIBLIOGRÁFICA

Banco de la República. (19 de Agosto de 2014). *Banrepcultural*. Obtenido de http://www.banrepcultural.org/blaavirtual/ayudadetareas/economia/econo 45.htm

Brunner, J. (31 de Mayo de 2014). *Noticias universia*. Obtenido de http://noticias.universia.net.co/en-portada/noticia/2012/08/21/960099/ colombia-tiene-tres-decadas-atraso-investigacion-universitaria.html

Cámara de Comercio de Villavicencio. (31 de Mayo de 2014). *Qué debo hacer para registrar una patente*. Obtenido de http://www.ccv.org.co/ ccvnueva/files/PASOS_PARA_EL_REGISTRO_DE_UNA_PATENTE.pdf

Clasificación Internacional de Patentes. (31 de 05 de 2014). *http://cip.oepm.es/*. Recuperado el 31 de 05 de 2014, de http://cip.oepm.es/: http://cip.oepm.es/ ipcpub/#lang=es&menulang=ES&refresh=page&notion=scheme&version =20140101

COLOMBIA.COM. (19 de Agosto de 2014). *COLOMBIA.COM*. Obtenido de http://www.colombia.com/actualidad/especiales/tlc-con-estados-unidos/que-es-el-tlc/

Diario La República. (21 de Mayo de 2014). *Colombia frente a 12 países y 6 estados*. Obtenido de http://www.larepublica.co/patentes/colombia-frente-12-pa%C3%ADses-y-6-estados_86176

Diario La República. (18 de 10 de 2014). *Con 3 patentes por millón de personas, Colombia se 'raja' en innovación*. Obtenido de http://www.larepublica.co/con -3-patentes-por-mill%C3%B3n-de-personas-colombia-se-%E2%80%98raja %E2%80%99-en-innovaci%C3%B3n_181011

Institución Universitaria de Envigado. (2014). *Estrategias Gerenciales para el Emprendimiento*.

María Teresa Amorocho, A. A. (25 de Mayo de 2014). *www.javeriana.edu.co/*. Recuperado el 25 de Mayo de 2014, de www.javeriana.edu.co/: http://www.javeriana.edu.co/sinfo/ConceptosPatentes.htm

Mundial, E. B. (19 de Mayo de 2014). *El Banco Mundial*. Obtenido de http://datos.bancomundial.org/indicador/IP.PAT.RESD/countries?display =default

Observatorio de Competitividad- Cámara de Comercio de Bugaramanga. (2013). Factor Innovación y Desarrollo: Patentes de Invención en Colombia. *Cámara de Comercio de Bucaramanga*, 1.

Organización de las Naciones Unidas para la Educación, la Ciencia y la Cultura. (19 de 08 de 2014). *UNESCO.* Recuperado el 19 de 08 de 2014, de http://www.unesco.org/new/es/mexico/work-areas/culture/

Organización Mundial de la Propiedad Intelectual . (2013). Informe Mundial sobre la Propiedad Intelectual: Reputación e imagen en el mercado global. *Informe mundial sobre la propiedad intelectual*, 6.

Organización Mundial de la Propiedad Intelectual. (19 de 08 de 2014). *WIPO.* Recuperado el 19 de 08 de 2014, de http://www.wipo.int/patentscope/es/patents_faq.html#patent

Organizacion Mundial de la Propiedad Intelectual. (25 de Mayo de 2014). *www.wipo.int.* Recuperado el 25 de Mayo de 2014, de www.wipo.int: http://www.wipo.int/patentscope/es/patents_faq.html#patent

Portafolio. (2011). *Portafolio.co.* Recuperado el 2014, de http://www.portafolio.co/ negocios/incentivos-tarifas-marcas-y-patentes

PROTECTIA : Patentes y Marcas. (31 de Mayo de 2014). *Registro de Patente en Brasil - Patentar y proteger productos o inventos.* Obtenido de http://www.protectia.eu/registro-patentes-brasil

Real Academía de la Lengua Española. (31 de 05 de 2014). *http://lema.rae.es/.* Recuperado el 31 de 05 de 2014, de http://lema.rae.es/: http://lema.rae.es/ drae/?val=PATENTE

Real Academia Española. (14 de 08 de 2014). *RAE.* Recuperado el 14 de 08 de 2014, de http://lema.rae.es/drae/?val=cultura

Revista Semana. (31 de Mayo de 2014). *Colombia invierte menos del 0,4% de su PIB en ciencia y tecnología.* Obtenido de http://www.semana.com/foro/ articulo/colombia-invierte-menos-del-04-su-pib-ciencia-tecnologia/265843-3

Reyes, G. E. (2011). *Zona Económica.* Recuperado el 25 de octubre de 2012, de http://www.zonaeconomica.com/concepto-desarrollo

Reyes, G. E. (2014). *Zona Económica.* Recuperado el 25 de octubre de 2012, de http://www.zonaeconomica.com/concepto-desarrollo

Rosa María Morales Valera, D. A. (2014). Las patentes como resultado de la cooperación en I+D en América Latina: Hechos y desafíos. *investigación & desarrollo*, 23.

Superintendecia de Industria y Comercio. (25 de Mayo de 2014). *Superintendecia de Industria y Comercio.* Recuperado el 25 de Mayo de 2014, de Superintendecia de Industria y Comercio: http://www.sic.gov.co/drupal/ patentes

Superintendencia de Industria y Comercio. (31 de 05 de 2014). *http://www.sic.gov.co/.* Recuperado el 31 de 05 de 2014, de http://www.sic.gov.co/: http://www.sic.gov.co/drupal/patentes

Superintendencia de Industria y Comercio. (31 de Mayo de 2014). *Propiedad Industrial.* Obtenido de http://www.sic.gov.co/drupal/propiedad-industrial

Superintendencia de Industria y Comercio. (19 de 08 de 2014). *SIC.* Recuperado el 19 de 08 de 2014, de http://www.sic.gov.co/drupal/que-es-la-propiedad-intelectual

Universia Colombia. (31 de Mayo de 2014). *Noticias Universia.* Obtenido de http://noticias.universia.net.co/en-portada/noticia/2012/08/21/960099/ colombia-tiene-tres-decadas-atraso-investigacion-universitaria.html

Universidad del Valle. (18 de 10 de 2014). *sintesis.univalle.edu.co.* Obtenido de Universidad del Valle: http://sintesis.univalle.edu.co/2014/enero/ Presentaciones_Rendicion_Publica_de_Cuentas_2013/3_Vicerrectoria_I nvestigaciones.pdf

Universidad Pontificia Javeriana. (25 de Mayo de 2014). *www.javeriana.edu.co/.* Recuperado el 25 de Mayo de 2014, de www.javeriana.edu.co/: http://www.javeriana.edu.co/sinfo/patentesColombia.htm#paten8

Uría Menéndez Abogados. (2014). *SPL.*

Wallace Brown, G. (2008). *Medeley.* Recuperado el 5 de octubre de 2011, de Globalization is What We Make of It: Contemporar y Globalization Theory and the Future Construction of Global Interconnection: http://www.mendeley.com/research/globalization-we-make-it-contemporary-globalization-theory-future-construction-global-interconnection/